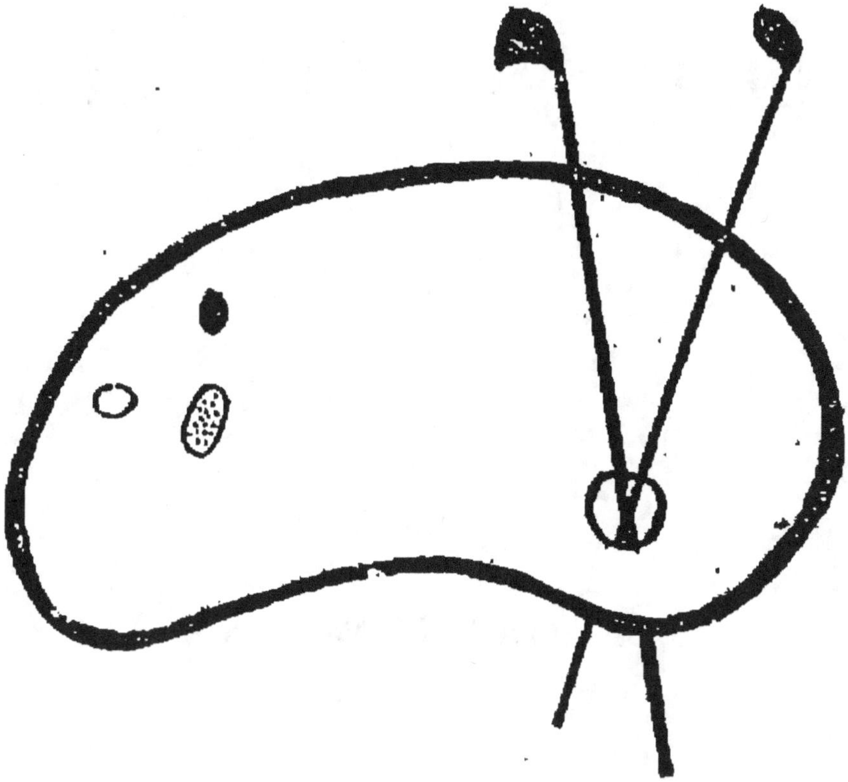

DEBUT D'UNE SERIE DE DOCUMENTS
EN COULEUR

CATALOGUE

LÉON VILLEVIEILLE

VENTE

le Samedi 14 Mars 1857

Me BOUSSATON
Commissaire-Priseur

M. MARTIN
Expert

PARIS. — IMPRIMERIE DE L. CLAYE
RUE SAINT-BENOIT, 7.

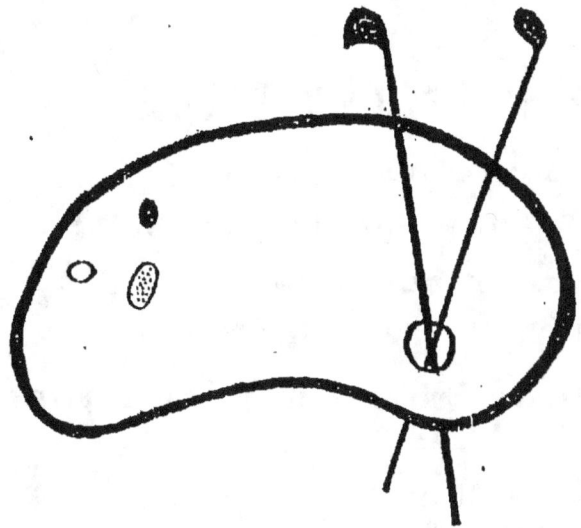

FIN D'UNE SERIE DE DOCUMENTS
EN COULEUR

CATALOGUE

DES

TABLEAUX

ET DESSINS

PAR

M. LÉON VILLEVIEILLE

DONT LA VENTE AUX ENCHÈRES PUBLIQUES AURA LIEU

HOTEL DES COMMISSAIRES-PRISEURS

RUE DROUOT, N° 5

SALLE N° 4, AU PREMIER ÉTAGE

Le Samedi 14 Mars 1857, à trois heures précises

Par le ministère de M° BOUSSATON, Commissaire-Priseur
rue des Petites-Écuries, 43

Assisté de M. MARTIN, expert, 20 rue Mogador

EXPOSITION PARTICULIÈRE

le Vendredi 13 Mars 1857, de une heure à cinq

EXPOSITION PUBLIQUE

le jour de la vente, de une heure à trois

PARIS

J. CLAYE, IMPRIMEUR-ÉDITEUR

7 RUE SAINT-BENOIT

1857

CONDITIONS DE LA VENTE

Elle sera faite au comptant.

Les adjudicataires paieront cinq pour cent en sus des enchères applicables aux frais.

Le présent Catalogue se distribue :

A PARIS,....... Chez M. BOUSSATON, Commissaire-Priseur
— — M. MARTIN, Expert.
A LONDRES.... — M. FORSTER et Cⁱᵉ, Pall-Mall.
A BRUXELLES.. — M. VAN DER KOLK, Éditeur.

DÉSIGNATION

TABLEAUX

1.

La vallée noire au mois de décembre ; soleil couchant.

2.

Le matin d'un beau jour au bord de la Seine.

3.

Route de Marcoussis ; soleil couchant après l'orage.

4.

Prairie de Déols (Indre).

5.

Soleil couchant d'hiver ; bords de la Seine.

6.

Matinée de printemps.

7.

Novembre (Indre).

8.

Chemin de pommiers ; Marcoussis, à la fin de la journée.

9.

Retour des champs (Touraine).

10.

Bords de l'Oise ; soleil couchant.

11.

Soleil couchant dans le Mort-Rus, à Marcoussis.

12.

Potager au mois d'avril; Marcoussis.

13.

Les champs au mois d'avril; Marcoussis.

14.

Pâturage d'Andresy.

15.

Ombrages d'Andresy.

16.

Bords de l'Indre.

17.

Pâturage d'Épervan (Saône-et-Loire).

18.

Soleil de février; vallée de l'Indre.

19.

Rue de Marcoussis en automne.

20.

Les champs d'Achères en automne.

21.

Matin (Indre).

22.

Soir.

23.

Village des environs de Châlon-sur-Saône; dernière lueur.

24.

Crépuscule du soir en automne, à Nazelle, près d'Amboise.

25.

La Seine à Andresy.

DESSINS

26.

Rue de Marcoussis; *aquarelle*.

27.

Plaine de Déols; *aquarelle*.

28

Route de Marcoussis; *aquarelle*.

29

Champs de Marcoussis; *aquarelle*.

30.

Environs de Fécamp; *gouache*.

31.

Chemin de Marcoussis en automne; *aquarelle*.

32.

Andresy; *aquarelle*.

33.

Route de Marcoussis, le soir; *crayon noir.*

34.

Crépuscule; *crayon noir.*

35.

Bords de l'Oise; *fusain.*

36.

Bords de la Marne; *crayon noir.*

37.

Champs de Marcoussis; *crayon noir.*

38.

Route de Marcoussis; *fusain.*

39.

Soleil de février; *crayon noir.*

40.

Bords de la Seine, printemps; *aquarelle.*

PARIS. — IMPRIMERIE DE J. CLAYE, RUE SAINT-BENOIT, 7.

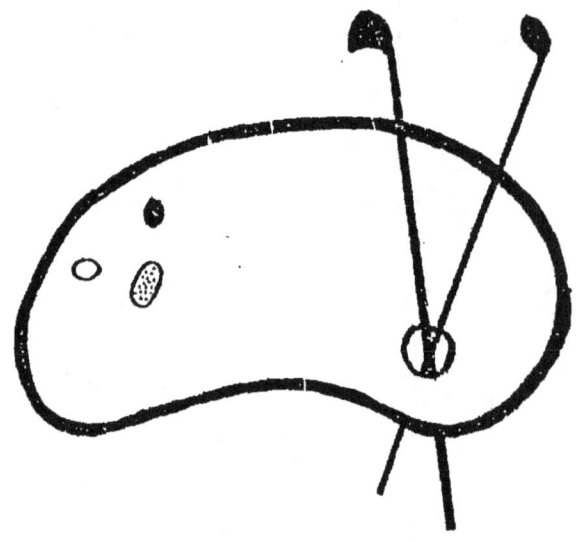

ORIGINAL EN COULEUR
NF Z 43-120-8

www.ingramcontent.com/pod-product-compliance
Lightning Source LLC
Chambersburg PA
CBHW030114230526
45471CB00003B/1411